AF563182

UN

MONASTÈRE ESPAGNOL

SANTA-MARIA-LA-REAL-DE-LAS-HUELGAS

PAR

L'ABBÉ TH. LARAN

CORRESPONDANT DU COMITÉ HISTORIQUE DES ARTS ET MONUMENTS

PARIS

LIBRAIRIE ARCHÉOLOGIQUE DE VICTOR DIDRON

30, PLACE SAINT-ANDRÉ-DES-ARTS

1849

A MONSIEUR LE COMTE DE MONTALEMBERT.

MONSIEUR LE COMTE,

Les lecteurs des « Annales Archéologiques » ont, plus que d'autres, le droit d'être exigeants et difficiles. Mais, ce qui fait l'éloge de cette belle et savante publication, me causerait des appréhensions insurmontables, s'il ne m'était permis d'abriter sous votre glorieuse et non moins bienveillante protection ces quelques lignes tracées par une plume qui n'oserait, qui ne devrait point braver une publicité redoutable.

Parmi tant de titres, noblement conquis dans la carrière des hautes intelligences et des grands cœurs, quel titre invoquerai-je de préférence? — Permettez-moi, monsieur le Comte, de détourner un instant ma pensée, s'il est possible, d'un passé et d'un présent également glorieux, pour anticiper sur un avenir qui ne les démentira point, et qui, grâce à des prédilections, dont rien ne peut vous distraire, vous acquerra de nouveaux droits à l'admiration et à la reconnaissance des amis des sciences historiques et archéologiques.

La nature de ce faible travail, sur un monastère cistercien de l'Espagne, m'invite d'ailleurs à le dédier humblement, puisque vous voulez bien ne pas en dédaigner l'hommage,

AU FUTUR HISTORIEN DE L'ORDRE DE CITEAUX.

J'ai l'honneur d'être avec un profond respect,

Monsieur le Comte,

Votre très-humble et très-obéissant serviteur,

L'ABBÉ TH. LARAN.

Bayonne, 16 septembre 1849.

UN MONASTÈRE ESPAGNOL.

SANTA-MARIA-LA-REAL-DE-LAS-HUELGAS.

A la distance d'un quart de lieue de la ville de Burgos, capitale de la Vieille-Castille, sur les rives de l'Arlanzon, dans cette plaine qu'éclairent et embrasent les feux du soleil couchant, s'élevait au XIIe siècle un palais où les rois de Castille, faisant trève à leurs occupations, venaient volontiers se distraire et se récréer. De là le nom donné à ce site qu'on appela LAS HUELGAS DEL REY, c'est-à-dire les Plaisirs ou Délices du roi; de là encore le surnom du monastère de Sainte-Marie, qui a remplacé la demeure royale. C'est en effet dans ce lieu de plaisance qui se détache si agréablement à la vue, sur cette campagne nue et desséchée de la Vieille-Castille, que fut fondé, à la fin du XIIe siècle (1187), par Alonzo VIII, le magnifique monastère de Sainte-Marie la Royale des Délices, SANTA-MARIA-LA-REAL-DE-LAS-HUELGAS. Cette fondation du monarque fut accordée aux instances de la reine doña Leonor et des infantes, ses filles, doña Berenguela et doña Urraca.

Des eaux abondantes, de nombreux bosquets entretiennent la fraîcheur en ce lieu qui, encore aujourd'hui et nonobstant le monastère, répond de tout point à sa destination primitive; comme au bon temps du moyen âge, c'est encore un endroit de plaisance : il devient, aux jours de fête, le point de ralliement de toute une classe de *Vieux-Castillans* de Burgos.

Comme monument artistique, Sainte-Marie de las Huelgas ne le cède à aucun autre de la même époque. Mais ce qui fait surtout la gloire de ce monastère, c'est qu'il surpasse en juridiction et en dignité tous les établissements qu'on a vus surgir jusqu'à ce jour dans le monde catholique; c'est que Sainte-Marie de las Huelgas est à la fois le Saint-Denis et le Cîteaux de l'Espagne; c'est que les prérogatives extraordinaires de son abbesse lui ont fait une position unique en son genre et justement célèbre dans toute la chrétienté. Oui, elle est vraiment éclatante entre toutes, la position que le catholicisme a faite à une femme sur la terre d'Espagne; et, en présence de l'illustrissime abbesse de Las Huelgas, on peut convenir sans peine que nul ne s'entend comme lui à entourer de respect et de gloire ce qu'il veut honorer.

Antonio Ponz, cet archéologue du vieux temps, qui pourrait bien occuper une place honorable parmi les plus illustres de nos jours, a grandement raison de dire que la juridiction de l'abbesse de Las Huelgas est une des choses les plus rares qui se puissent voir, peut-être même sans exemple : « La jurisdiccion de esta Prelada es de las cosas mas raras que pueden verse, y creo que sin exemplo. » Au dire de Manriquez, dans ses « Annales de Cîteaux », c'est à peine s'il est en Castille noble seigneur, à part le roi, qui ait des vassaux aussi nombreux que ceux de l'abbaye; mais aucun certainement n'en a davantage : « Vix infrà regem princeps in Castellâ, cui tot subsínt vasalli; cui plures, nullus » (t. 3, c. 9, n. 5). Sans doute, dans ces dernières années, l'abbesse s'est vue dépouillée, par la charte constitutionnelle, de la juridiction civile qu'elle exerçait sur de nombreux villages; mais la juridiction ecclésiastique lui reste encore, et c'est celle-là surtout qui excite l'étonnement des historiens et des voyageurs. Pour la faire connaître, nous nous bornerons à une simple énumération de quelques-unes des prérogatives dont jouit encore l'illustrissime abbesse.

Elle peut instituer des curés et leur conférer charge d'âmes. Elle a le droit de châtier tout prédicateur qui, sur les terres de sa juridiction, prêcherait l'hérésie. Elle est autorisée à connaître des dispenses et grâces venues de Rome. Elle est compétente pour juger des causes matrimoniales à l'égard de ses sujets, à la condition toutefois de nommer un juge ecclésiastique capable. Elle approuve les confesseurs pour les réguliers et les séculiers soumis à sa juridiction; ce n'est qu'après avoir subi un examen par devant une personne de son choix, qu'ils peuvent ensuite, avec son autorisation, absoudre des cas réservés, même par les évêques, pourvu qu'on n'aille pas à eux en fraude de la loi. Elle a le pouvoir de dispenser de la récitation de l'office les ecclésiastiques et les réguliers soumis à sa juridiction, lorsque le motif de la dispense est légitime. Aussi bien qu'un prélat quelconque, elle peut commuer des vœux, dispenser de leur accomplissement ou même les irriter. Par l'entremise de juges ecclésiastiques députés par elle, l'abbesse peut lancer des interdits et des censures. Enfin il faut aux évêques son autorisation pour qu'il leur soit permis d'user des insignes de leur dignité sur les terres soumises à l'abbaye, fussent-elles d'ailleurs enclavées dans leur diocèse.

Ces éclatants priviléges se trouvent mentionnés dans un discours composé pour la défense et l'explication de la juridiction spirituelle de l'illustrissime abbesse de Las Huelgas. Les canonistes et les théologiens espagnols, les plus accrédités de l'époque, ont apposé leurs noms au bas de cette exposition et l'ont approuvée sans aucune restriction. Six évêques figurent parmi les signataires [1].

S'il faut en croire le « Dictionnaire des ordres religieux », publié par M. l'abbé Migne, « cette grande autorité qu'on avait donnée à l'abbesse de « Las Huelgas lui fit croire qu'elle avait le même pouvoir que les abbés, et « que tout ce qui leur était permis lui était permis; elle eut même la témé- « rité de vouloir entreprendre sur les fonctions du sacerdoce; car, en 1210, « elle entreprit de bénir les novices, d'expliquer l'Évangile et de monter en « chaire pour prêcher; et (ce qui n'aura jamais d'exemple) elle entendait les « confessions des religieuses qui lui étaient soumises. Le roi de Castille, dont « la fille Constance était pour lors abbesse, approuvait tacitement cet abus. « Mais bientôt deux évêques et l'abbé de Morimond, qui se trouvait pour « lors en Espagne, reçurent mission pour réprimer l'audace de cette abbesse « et de celles qui voulaient l'imiter [2]. »

Quoi qu'il en soit de cette usurpation de fonctions sacerdotales, les autres prérogatives, par nous mentionnées plus haut et approuvées par l'élite du clergé espagnol, sont déjà si nombreuses et si extraordinaires, que nul, au dire d'Antonio Ponz, n'y croirait, s'il ne s'en assurait par lui-même et ne le savait certainement : « que nadie no creeria no viendolo y sabiendolo de cierto. » Cette certitude, nous avons pu nous la procurer, et, parmi les merveilles archéologiques et autres qu'il nous a été donné, à M. Didron et à moi, d'admirer à Burgos, nous plaçons sans contredit au premier rang le monastère de Las Huelgas. Depuis que nous avons quitté la terre de Castille, nos récits concernant la royale abbaye ont été bien des fois accueillis par des sourires d'incrédulité que, du reste, Antonio Ponz nous avait annoncés d'avance. Quelques personnes cependant voulurent bien ne pas nous suspecter d'exagération; mais, en revanche, elles ne manquaient pas de trouver excessives ces prérogatives de Las Huelgas et d'appeler de leurs vœux une prompte réforme. Pour nous, qui nous sommes sentis si vivement émus, en présence de cette institution du moyen âge, debout encore au milieu du XIXe siècle, quoique peut-être déjà blessée à mort, nous tenons à déclarer que nous n'avons pas à nous établir en juges d'une institution honorée des témoi-

1. Voir « Apuntes historicos sobre el celebre monasterio de Santa Maria la Real de las Huelgas, por Jose Maria Calvo, presbitero capellan en el mismo », page 60.

2. *Dictionnaire des ordres religieux*, publié par M. l'abbé Migne, tome Ier, colonnes 469-470.

gnages les plus éclatants de la bienveillance des rois et des souverains pontifes. Le glorieux passé de Las Huelgas commande le respect. Ceux même qui semblent désirer que la suppression toute récente de la juridiction civile soit promptement suivie de la suppression de la juridiction ecclésiastique, bien autrement célèbre, voudront bien s'en remettre à l'Église du soin de sauvegarder son honneur et ne pas trouver mauvais que nous nous contentions de signaler modestement à l'attention des archéologues le monastère de Sainte-Marie de Las Huelgas, sans nous prononcer d'ailleurs en aucune manière sur la pieuse fondation d'Alonzo VIII, roi de Castille.

A cette fin, nous dirons la visite qu'en septembre 1848 nous avons faite au royal monastère, à la suite du directeur des « Annales Archéologiques » et en compagnie d'un jeune ecclésiastique, archéologue distingué, de la ville de Burgos. Les lecteurs des « Annales » regretteront certainement que l'écrivain, qui nous a donné la description des couvents grecs du mont Athos, ait abandonné à une plume novice le soin de retracer l'histoire du célèbre monastère de la catholique Espagne ; mais nous avons dû céder à un désir qui pour nous était un ordre. Le lecteur voudra bien se résigner, à notre exemple, et, comme nous, en prendre son parti. Puisse l'intérêt du sujet engager les abonnés des « Annales » à marcher sans trop d'humeur sur nos traces.

De même qu'une forteresse, le monastère est entouré d'une double enceinte derrière laquelle des âmes d'élite sont venues chercher un abri contre les attaques du monde. Une vigoureuse tour carrée le domine; on dirait, à distance, le donjon d'un château fort. Une modeste porte creusée en ogive permet de franchir la première enceinte, et bientôt on se trouve au milieu d'une vaste cour. De petites maisons s'appuient à droite contre le mur d'enceinte; l'église se dresse majestueusement à gauche, formant la seconde enceinte que continuent les murs du jardin, surmontés de créneaux largement espacés. Les nombreux ecclésiastiques, dont la présence donne tant d'éclat aux cérémonies religieuses de l'église de Las Huelgas, habitent en partie ces petits édifices groupés autour du monastère qui semble les couvrir de son ombre protectrice. De paisibles laboureurs vivent à leurs côtés et exploitent les terres voisines, propriété de l'abbaye. Il y a encore de la vie et quelque mouvement dans cet espace laissé libre entre les deux enceintes; mais ce n'est déjà plus la vie et le mouvement du monde. Il nous a semblé que sur les physionomies se laissait voir un peu de ce recueillement, si habituel aux personnes *religieuses* et auquel on se laisse insensiblement gagner, quand on entretient avec elles de nombreux et bienveillants rapports. L'agitation du monde, quoique mitigée, peut donc franchir la première barrière; plus d'un passage lui est ouvert. Mais les flots viennent se briser impuissants contre les murs calmes et sévères de la seconde enceinte. Il est cependant des jours où il se fait comme une brèche dans ces remparts de la solitude. On pourrait croire que le monde, avec ses pompes, va faire son entrée triomphale et prendre possession du monastère. Mais qu'on se rassure : si les rois et la cour viennent quelquefois à Las Huelgas, ce n'est pas pour étaler un vain faste qu'on sait n'y être point en estime; ils y viennent honorer les vierges du Christ et s'édifier à leur école.

Le 12 septembre 1845 fut un de ces jours solennels pour le monastère, il fut honoré de la présence d'Isabelle II, Q. D. G. (Que Dieu Garde, comme s'expriment les Espagnols). La jeune reine était accompagnée de sa mère et de sa sœur, depuis duchesse de Montpensier. Pour ces illustres personnages, et pour eux seulement, s'ouvrent les *grandes portes* de la première enceinte qui donnent accès à un élégant vestibule en style de la renaissance, supporté par cinq arcs semi-circulaires que couronne une espèce d'attique où s'étalent pompeusement les armes de Castille. Des écussons sont aussi rangés par ordre sous ce vestibule, et des inscriptions vous disent que ce sont là les armes propres des religieuses qui, de trois ans en trois ans, ont successivement présidé à la direction de Las Huelgas. Nulle en effet n'est admise parmi les dames du royal monastère, si elle ne justifie des titres de noblesse de sa famille. Au bas des armes écartelées de l'abbesse régnante, on lit :

« La Illuma Sra Da Manuela Montoya, Gonzalez de Agnero, Salcedo, « Oruña, Mioño, Calderon de la Barca, Ungo de Velasco, y Butron de Muxica, « Electa abadessa de este real monasterio de Huelgas, en ocho de agosto « de 1836, y electa segunda bez en 1° de Julio de 47. »

Voilà des noms fort nombreux et très-retentissants, j'espère! Quel beau thème à déclamation pour les partisans absolus de l'égalité; mais si l'on veut bien se reporter par la pensée à la fin du XIIe siècle, époque où la noblesse était certainement acceptée de tout le monde, on consentira peut-être à ne pas voir seulement une pensée orgueilleuse dans cette fondation exclusive, mais encore un hommage solennel rendu à Dieu par toute une classe de la société, dont les dames de Las Huelgas seraient en quelque sorte les mandataires. Oui, quoi qu'on en puisse penser et dire, il est consolant pour l'âme et glorieux pour la religion, le spectacle de cette assemblée de femmes, toutes illustres par la naissance, qui ont fait généreusement à Dieu et à sa sainte mère le sacrifice de leurs espérances, le sacrifice de leur cœur. Ce spectacle est une leçon continuelle pour la noblesse qui vit encore dans le monde; il ne l'est pas moins pour le pauvre peuple, pour les déshérités de la fortune : il leur apprend qu'il est des biens préférables à ceux de ce monde, des biens qui ne sont le privilége d'aucun ordre [1].

Le grand portail de l'abbaye ne s'était donc pas ouvert devant nous, et pour cause. Du reste, on n'est pas longtemps à s'en consoler. Qui regretterait, pour si peu, de n'être ni roi ni prince d'Espagne! qu'importe le mode, pourvu qu'on entre? Mais lorsque, arrivé à la seconde enceinte, on se voit arrêté par un vigoureux grillage, faute de ne porter quelque titre souverain, alors, pour si peu qu'on se sente archéologue, que de regrets! Car, à moins d'être une tête couronnée ou d'arriver muni d'une autorisation royale, nul ne pénètre dans le monastère. Et cependant, on vous raconte des merveilles des cloîtres de l'abbaye, dont les arcs s'appuient sur un nombre prodigieux de chapiteaux romans où s'étalent à profusion des arabesques et tout le luxe enchanteur de l'ornementation orientale. On vous exalte les tombeaux des rois et des princes confiés, dans les nefs de l'église, à la pieuse garde des dames de Las Huelgas. Et pour mieux piquer votre curiosité, l'architecture du porche, l'ornementation des chapiteaux, les tombeaux de quelques nobles chevaliers, qui semblent encore veiller à la porte du temple, rendent

1. Ces lignes étaient déjà écrites lorsque, avec l'*Ami de la Religion* du 29 mars 1849, nous est arrivée la suite du « Voyage historique de dom Pitra en Hollande ». Notre satisfaction a été grande, quand nous avons vu le savant bénédictin s'arrêter avec complaisance devant la *noble* abbaye de Rynsburg, qui n'est pas sans quelque trait de ressemblance avec Las Huelgas de Burgos. Ce n'est pas à notre honneur que nous rapprochons de notre œuvre, si imparfaite, un fragment du savant travail de dom Pitra; mais qu'importe, si nous devons être agréable au lecteur. « L'abbaye de « Rynsburg était de fondation ducale et l'hommage de la haute noblesse à saint Pierre. Toute la « Hollande était fière de ses privilèges; elle considérait ses distinctions comme un trophée de l'hu- « manité et une splendide leçon pour les peuples qui voyaient sous ces cloîtres prier, obéir, tra- « vailler les princesses les plus illustres. Trois filles des comtes de Hollande furent abbesses... Ce « fut une sœur de l'empereur Lothaire II, Pétronelle, veuve de Floris Ier, qui en fut la fondatrice....

« Alexandre III n'hésita pas de circonscrire rigoureusement les professes au nombre de quarante « à prendre dans les seuls rangs de la noblesse. Était-ce donc vraiment un scandale que d'ouvrir « un asile spécial où les filles des rois, les veuves des princes se faisaient servantes de Dieu, des « pauvres et des pèlerins, et prenaient pour devise cette inscription que fit graver, à la porte de « l'hôtellerie, l'abbesse Elburge Van Botzelaer :

« NOBILITAS, PROBITASQUE ISTHUC SIBI JURE LEGUNTO
« HOSPITIUM, ELBURGIS DULCES QUOD FECIT AD USUS.

« Il est bien vrai qu'il était entendu que l'abbaye de Rynsburg *relevait de Dieu et du soleil;* « et que si l'empereur, en passant devant les abbesses de Berne et de Leeuwenhorst, se contentait « d'incliner la tête, il devait, en rencontrant madame de Rynsburg, descendre de cheval, incliner « deux genoux en terre, et dire : *Madame, madame de Rynsburg!* Il nous semble que cet hom- « mage ne s'adressait pas seulement à une faible femme. L'Église était là, et, avec elle, le pauvre « peuple et les nécessiteux dont l'abbaye relevait : car, chaque semaine, elle distribuait deux mille « livres de pain aux pauvres de Leyde. » (*Ami de la Religion*, tome CXL, page 839.)

croyables toutes ces magnificences dont on vous parle et qu'on regrette de ne pouvoir vous montrer. Pour comprendre combien ce désappointement est cruel, il faut l'avoir éprouvé. Vous êtes venu de deux et trois cents lieues, pour étudier et admirer des chefs-d'œuvre justement célèbres; vous n'en êtes plus qu'à deux pas; on vous certifie que la réalité n'est pas au-dessous de la magnificence de vos idées; rien qu'une faible barrière vous sépare encore de ce qui fait l'objet de vos désirs, mais cette barrière vous ne pouvez l'ouvrir : la clef d'entrée en est perdue pour vous, comme la clef de sortie pour l'enfer du Dante. Adieu donc à l'*espérance*.

Toutefois un libre accès est ouvert dans le transept, le chœur, et le sanctuaire de l'église. Treize chapelains occupent aujourd'hui les stalles armoiriées du chœur; leur nombre paraît insuffisant pour accomplir d'une manière convenable les fondations du pieux don Alonzo et d'un grand nombre de ses successeurs, pour qui la reconnaissance adresse souvent à Dieu de solennelles prières dans l'église de Las Huelgas. Ils sont nombreux dans l'année les jours où on y célèbre de pompeux anniversaires pour d'augustes personnages, rois, reines, infants et infantes qui, avant de passer de vie à trépas, choisirent ce royal monastère pour leur servir de PANTHÉON [1] après la mort. Cinq rois et six reines, grand nombre d'infants et d'infantes reposent en paix dans ce royal monastère qui, un jour de triste mémoire, se vit enlever par l'Escurial la gloire d'être à perpétuité le Saint-Denis de la catholique Espagne.

Lorsque les ressources étaient plus considérables, vingt et un chapelains desservaient l'abbaye; deux confesseurs dirigeaient les dames, et un prêtre sacristain avait la haute intendance sur le service de l'église; neuf chapelains sur vingt et un devaient être musiciens. Alors les cérémonies de Las Huelgas rivalisaient d'éclat avec celles des plus somptueuses cathédrales.

Le plan de l'église dessine une croix latine dont les trois nefs sont exclusivement occupées par les dames religieuses. Point de porte à l'occident, en face de l'autel; mais bien un mur droit, avec des signes lapidaires [2], sou-

1. Nom consacré en Espagne.

2. Relevés avec soin par mon compagnon de voyage et par moi, ces signes lapidaires viennen augmenter la série de ceux que j'ai recueillis en France, en Grèce, en Angleterre, en Belgique, en Allemagne, en Suisse et à Burgos. Ceux de Las Huelgas sont particulièrement curieux; avec les signes anciens de la cathédrale de Burgos et avec les bâtiments en style pur de la fin du XIIe siècle ou du commencement du XIIIe, dont est bâti le monastère de Las Huelgas, ils viendront prouver que des artistes français ont dû être appelés, de 1150 à 1250, dans la Vieille-Castille, pour élever les beaux monuments gothiques qu'on y trouve encore. On voit à quoi peuvent servir des traits, regardés jusqu'alors comme insignifiants, et qui sont tracés sur la pierre. Tout ce qui est ancien

tenu au milieu par un contrefort et terminé par un pignon que couronne, en forme d'acrotère, un de ces nids de cigogne dont l'Orient présente de nombreux exemples. Une cloison ferme les bas-côtés, et le regard ne peut y pénétrer que par une petite fenêtre carrée qu'on eut la complaisance de nous ouvrir. L'abbesse elle-même garde la clef du volet qui la ferme; elle l'envoya par une des dames qui nous montra ce que les privilégiés seuls peuvent voir. C'est dans ces bas-côtés que sont déposés les tombeaux des infantes qui prirent à Las Huelgas l'habit de saint Bernard. Ces tombeaux sont simples, sans ornementation, comme il convient pour des personnes qui ont déjà renoncé pendant la vie à toutes les pompes du monde. La nef principale n'est fermée que par un double grillage dont les barreaux, largement espacés, alternent de position; l'œil peut en sonder la profondeur, et jouir à l'aise d'une ravissante perspective, lorsque les dames assistent au chœur sur leurs stalles magnifiques, aux armes de Castille et de Léon. La première place à droite, vers l'autel, est occupée par l'abbesse; on y voit une crosse, de tous points semblable à celle de nos prélats, si ce n'est que la hampe en est plus courte.

Nous sommes heureux de n'avoir point à parler de l'architecture de l'église, ni de la chaire en fer battu et ciselé, où se fit entendre la voix de saint Vincent Ferrier, non plus que des magnifiques tentures en velours brodé et historié de la nef, ni des tombeaux des fondateurs et autres personnes royales. M. Didron a bien voulu se charger de ce soin.

Lorsque nous visitâmes Sainte-Marie de Las Huelgas, l'abbesse était en colloque pour affaire, avec son conseiller ecclésiastique, chanoine de la sainte église métropolitaine de Burgos. L'illustrissime n'était pas visible en ce moment, et vraiment nous avons regretté de ne pouvoir présenter nos hommages respectueux à celle qui, dans les actes, s'intitule : « Par la grâce « de Dieu et du saint-siége apostolique, abbesse du royal monastère de Las « Huelgas, près la ville de Burgos, de l'ordre de Cîteaux, de l'habit de notre « père saint Bernard, dame, supérieure, PRELADA, mère et légitime adminis- « tratrice tant au spirituel qu'au temporel du dit royal monastère, de son « hôpital, des couvents, des églises et ermitages de sa filiation, des villes « et villages de sa juridiction, de son domaine et vasselage, en vertu de

dans Las Huelgas, c'est-à-dire l'église entière, le porche, les cloîtres, une chapelle, une grande partie des murs d'enceinte, date de la fin du XIIe siècle, de la transition du roman à l'ogive, et c'est d'un style qui nous a paru parfaitement français Après un second voyage que nous avons l'intention de faire prochainement en Espagne, nous reviendrons à loisir sur cette importante question. (*Note du directeur des « Annales Archéologiques ».*)

« bulles et concessions apostoliques avec juridiction entière, quasi-épi-« scopale, *nullius diœcesis*, etc., etc. »

D'après le cérémonial ancien, lorsque l'abbesse était mandée au parloir, deux dames de Las Huelgas devaient lui former cortége; une sœur converse la suivait, relevant sa robe traînante jusqu'à ce qu'elle se fût assise. Ces marques de profond respect ne paraîtront pas, sans doute, exagérées à l'égard de cette femme qui a l'insigne privilége de porter de si glorieux titres, et qui, lorsque les rois et les reines se rendent au monastère, s'assied à leur côté, tandis que tous les assistants se tiennent debout dans l'attitude du respect.

La bénédiction d'une abbesse de Las Huelgas est une fête pour la ville de Burgos et pour les populations voisines. Le jour de la cérémonie la foule est nombreuse, pressée dans la cour du monastère. Les réjouissances ne sont point épargnées : les orchestres, les illuminations, les feux d'artifice, donneraient à croire qu'on veut fêter un haut et puissant seigneur plutôt qu'une humble femme, l'élue de ses sœurs, religieuse Bernardine comme elles. Cette cérémonie se renouvelle tous les trois ans, car, tous les trois ans se renouvelle l'élection de l'abbesse qui, toutefois, peut être réélue indéfiniment. L'abbesse actuelle, madame Montoya, est élue pour la seconde fois. Ce fut deux années après la mort d'Éléonore de Castille, fille du roi Pierre, surnommé le Cruel, et en conséquence d'un bref de Sixte-Quint, que les élections se firent tous les trois ans; avant 1589, les élections étaient à vie.

La supérieure étant occupée, nous eûmes au moins l'honneur d'être présentés à deux des dames. Toutes elles jouissent d'une grande considération, et on ne leur adresse la parole qu'avec de grandes marques de respect. Elles se montrèrent affables à notre égard, et examinèrent attentivement mon costume d'ecclésiastique français, le seul qui, de mémoire d'homme, ait paru dans la ville de Burgos. Elles répondirent avec bienveillance aux diverses questions que nous leur adressâmes concernant le monastère, sans nous dissimuler toutefois qu'elles avaient grandement à se plaindre de leurs voisins les Français. Nos compatriotes de l'armée d'Espagne sont accusés d'avoir volé en 1808, au seul monastère de Las Huelgas, trois grands ostensoirs d'or dont un enrichi de diamants, huit calices dont un en or, six candélabres d'argent, six grands rameaux d'argent et quarante-huit plus petits de même métal, trois grandes croix dorées dont une garnie de pierreries, seize lampes d'argent, de riches tentures de velours, des ornements d'un tissu précieux, toute la vaisselle d'argent qui servait à l'occasion des visites royales, en un mot tout ce qui dans le couvent pouvait avoir quelque valeur. Les Français auraient même pris au couvent de Las Huelgas, avec un empressement très-marqué, un magnifique exemplaire du Coran, écrit sur parchemin et orné de miniatures fort remarquables. On dit que cet exemplaire est à la Bibliothèque nationale de Paris. A ce propos, nous devons déclarer que les Français jouissent au delà des Pyrénées d'une réputation étonnante de rapacité et même de férocité. Ce dernier mot paraîtra un peu dur sans doute; cependant le directeur des « Annales » est en mesure d'édifier le lecteur à l'endroit de ma véracité, puisqu'il vient de produire (« Annales », vol. IX, page 188) une inscription par lui-même recueillie dans l'église Saint-Côme et Saint-Damien de Burgos.

Comme nous l'avons déjà dit, les dames de Las Huelgas sont des religieuses de l'ordre français de Cîteaux. Alonzo VIII, le fondateur du monastère, affectionnait vivement cet ordre nouveau ; aussi, voulant lui donner une nouvelle preuve de sa sympathie et de son amour, lui soumit-il son royal monastère. A cette intention, après avoir préparé toutes choses et obtenu l'approbation du pape Clément III, alors à Pise, en février 1187, il fit venir des religieuses du couvent de Tulebras, frontière de Navarre; il choisit parmi elles une abbesse et lui fit l'abandon du monastère qu'il avait élevé à la gloire de Dieu et de la sainte Vierge, pour être possédé à perpétuité par elle, et par les religieuses présentes et par celles qui, à l'avenir, y vivraient selon la règle de Cîteaux. Comme ce fut toujours une louable coutume de confier à la stabilité de l'écriture les événements dont on désire perpétuer le souvenir, on dressa une charte de tout ce qui précède, et le sceau du roi y fut apposé.

En 1199, Guido, abbé général de Cîteaux, dont le roi de Castille sollicitait la venue depuis douze ans, se rendit à Burgos. En sa présence, le monastère de Sainte-Marie-la-Royale-de-Las-Huelgas fut donné entièrement libre et sans restriction à Dieu, à la glorieuse Vierge Marie et à l'ordre et maison de Cîteaux. Alonzo voua à la colère de Dieu quiconque oserait s'élever contre la charte de donation par lui déposée entre les mains du vénérable abbé; il réclama contre le téméraire les peines éternelles que souffre le traître Judas; il voulut qu'en outre il eût à payer une amende de cent livres d'or très-pur, et qu'il fût contraint de réparer doublement tout dommage : « Incurra plenareamente en la ira de Dios todo poderoso, y sea « condenado con Judas el traedor a las penas infernales; y ademas de esto, « pagará en pena cien libras de oro purísimo, y restituirá doblado el daño « que sobre ello hiciere. » — (Charte du 14 décembre 1199.)

Le monastère de Las Huelgas fut pendant trois cents ans environ sous une entière dépendance des abbés de Cîteaux. Ceux-ci se contentèrent ensuite du titre de supérieur et du droit de visite qui leur fut bientôt enlevé. Les rois de Castille obtinrent en effet des bulles qui leur conféraient le pouvoir de choisir, pour visiteurs du monastère, des prêtres séculiers à leur convenance. L'abbé de Cîteaux se hâta de réclamer, et, le 7 juillet 1559, un décret de Paul IV déclara que, conformément à la volonté du fondateur, il n'appartenait qu'à l'abbé général de Cîteaux de visiter et de réformer l'abbaye et ses diverses filiations. Cependant les communications entre les deux royaumes de France et d'Espagne devenant de plus en plus difficiles, à raison de la guerre, l'évêque d'Osma fut admis comme visiteur en l'année 1580. Et, après bien des démêlés avec l'abbé de Cîteaux, le roi lui fit défendre de mettre le pied sur la terre d'Espagne, et obtint de Clément VIII, en 1603, un bref qui nommait l'évêque de Palencia pour supérieur ordinaire quant à la visite de la royale abbaye, et, à son défaut, l'évêque d'Osma, ou bien celui de Calahorra. En dernier lieu, l'autorité du général de Cîteaux a été remplacée par celle de la chambre royale de Castille.

Le monastère de Sainte-Marie de Las Huelgas n'avait pas, au sortir des mains de son fondateur, son pareil en Castille; néanmoins la magnificence dont le roi Alonso l'avait entouré ne répondait pas encore à l'étendue de ses désirs; il conçut l'idée d'en faire la maison-mère et comme le chef-lieu de tous les couvents de religieuses de Castille, de ceux-là même qui dataient d'une époque plus reculée que Sainte-Marie-la-Royale. Saint Martin, évêque de Siguenza, fut député par le roi vers les abbés réunis à Cîteaux en chapitre général. Il se présenta devant eux, en septembre 1187, muni de lettres des abbés et abbesses de Castille et de Léon, qui faisaient des vœux pour la réussite de son message. Le général et tous les abbés réunis en chapitre condescendirent aux désirs des abbesses de Castille et de Léon, qui vivaient selon la règle de leur ordre. Conformément à leur propre demande et à celle du roi, il leur fut permis de se réunir une fois chaque année à Las Huelgas, comme dans leur maison-mère, pour y tenir chapitre général. L'abbé de Cîteaux écrivit en conséquence à la supérieure de Sainte-Marie-la-Royale, que désormais toutes les religieuses de son ordre, qui habitaient aux royaumes de Castille et de Léon, ne formeraient plus qu'une congrégation dont elle serait la supérieure. Néanmoins il fallut vaincre des résistances énergiques pour amener l'accomplissement d ce décret. Quelques-unes de ces mêmes abbesses, qui s'étaient prêtées avec bienveillance à seconder les négociations, se refusèrent plus tard à reconnaître l'autorité qu'on leur imposait. Il leur paraissait peu honorable, disaient-elles, de se soumettre à un monastère de date comparativement plus récente. Il fallut donc recourir encore à des négociations. L'évêque saint Martin retourna au chapitre général de Cîteaux et obtint une confirmation du privilége déjà accordé l'année précédente. C'est pourquoi, le 27 avril 1189, plusieurs évêques étant réunis à Las Huelgas, par ordre du roi, avec des abbés et abbesses de l'ordre de Cîteaux, ces dernières promirent, en leur nom et au nom de celles qui leur succéderaient, de reconnaître à perpétuité l'abbesse de Sainte-Marie-la-Royale comme leur légitime supérieure. Toutes, elles décrétèrent ensuite, à l'unanimité, avec le consentement de doña Misol, abbesse de Las Huelgas, que chaque année elles se réuniraient en chapitre audit monastère, le jour de la fête de Saint-Martin; que leur premier acte serait un acte d'obédience entre les mains de l'abbesse, et qu'elles agiraient à son égard comme les abbés de leur ordre par rapport à l'abbé de Cîteaux. Quatre d'entre elles devaient en outre visiter une fois l'an le royal monastère sans pouvoir alléguer excuse, de même, est-il dit dans un acte, que le monastère de Cîteaux est visité chaque année par quatre abbés du même ordre. Chaque abbesse, venant au chapitre, pouvait amener avec elle six domestiques, tant serviteurs que servantes, et cinq chevaux.

Ce n'était pas seulement un titre de supérieure que l'on venait d'ajouter à tous ceux que possédait déjà l'abbesse de Las Huelgas. Elle était bien supérieure de fait comme de nom. Elle faisait régulièrement la visite des couvents de sa filiation et assistait aux élections des abbesses, lesquelles étaient tenues de se rendre à Sainte-Marie-la-Royale, pour être confirmées dans leur titre par l'illustrissime abbesse. « Moi, abbesse de tel « monastère de l'ordre de Cîteaux, disait la supérieure nommée, promets « soumission, respect et obéissance, selon la règle de notre père saint Benoît « et les statuts de Cîteaux, à l'illustrissime dame abbesse du royal monastère « de Sainte-Marie-la-Royale de Las Huelgas, et à celles qui lui succéderont « canoniquement. Je promets de conserver et de défendre les priviléges et « les libertés de notre ordre et de mon couvent; de n'aliéner, ni vendre, « ni engager les biens de mon monastère, le couvent le voulût-il, sans l'ex- « presse permission de ladite illustrissime dame abbesse, ma mère et PRE- « LADA. A cette fin, Dieu me soit en aide et ses saints évangiles. » Cette déclaration, jurée et signée par la nouvelle abbesse, était déposée dans les archives. Les commandeurs de l'Hôpital du Roi, près de Burgos, devaient faire eux-mêmes, au jour de leur profession, la déclaration suivante entre les mains de l'abbesse : — « Moi... Commandeur, novice de l'Hôpital du Roi, fais « vœu d'obéissance, pauvreté et chasteté, jusqu'à la mort, à Dieu notre

« Seigneur et à la très-illustre dame Doña.... abbesse du royal monastère « de Sainte-Marie-la-Royale de Las Huelgas, ma *prelada* et dame, mère et « légitime administratice, tant au spirituel qu'au temporel, dudit royal mo- « nastère et de son Hôpital du Roi.... Je jure, par Dieu notre Seigneur, par « sainte Marie sa mère bénie, et par les saints évangiles, mettant, comme « je fais, ma main droite sur un crucifix et sur un missel, d'observer et « d'accomplir tout ce que j'ai promis.... Et je dis : Ainsi je jure. Amen [1]. »

Le concile de Trente ayant intimé l'ordre aux religieuses de ne point franchir la clôture, l'abbesse de Las Huelgas dut déléguer des commissaires pour la visite des monastères et pour présider aux élections; mais ses pouvoirs n'en furent pas diminués. Nulle ne put être admise à prendre l'habit ou à faire profession dans les maisons dépendantes de Las Huelgas sans la permission écrite de l'illustrissime dame. Par concession des abbés de Cîteaux, les lois et ordonnances qu'elle rendait étaient obligatoires pour tous les monastères de sa juridiction, à la condition toutefois de n'être pas contraires aux statuts de l'ordre.

L'habit des dames de Las Huelgas est blanc avec un scapulaire noir qui disparaît cependant sous un second vêtement blanc. Le bonnet, blanc aussi, dont elles couvrent leur tête, est d'une forme tout à fait singulière : il n'est pas sans quelque analogie avec une mitre basse ; un voile noir y est adapté.

Il y a, dans le même monastère, des religieuses dont le costume est noir et qui ont à leur charge les offices les plus pénibles de la communauté. Elles seules reçoivent la dénomination de *Religieuses;* les autres sont des *Dames*, dont la principale occupation est l'assistance au chœur. Du reste, les dames de Las Huelgas ne vivent point complétement en communauté, mais bien dans des cellules convenablement décorées ; elles ne se réunissent qu'à l'église, au réfectoire et au dortoir où une alcôve est préparée pour chacune d'elles. Les novices portent le même costume que dans les autres couvents de l'ordre. Elles consacrent l'année d'épreuve à l'étude du plain-chant, à la récitation de l'office et à diverses observances monastiques.

Une prise d'habit est une grande fête pour le monastère; on l'embellit de toute la solennité possible. Le jour où elle a lieu, le concours du peuple est grand à Las Huelgas. Mais, hélas ! voilà bien des années que ce beau jour d'une prise d'habit n'a pas lui sur la royale solitude. La mort éclaircit les rangs de ces dames, et nulle ne vient s'asseoir sur les stalles laissées vides. Est-ce donc que tout dévouement serait éteint dans le cœur de la noblesse

1. *Siglo pittoresco*, année 1845, page 33.

espagnole? Et lorsque les princes de la terre trouvent encore de grandes dames qui tiennent à honneur de former leur suite, n'y en aurait-il plus qui s'estimassent heureuses de former la cour de Dieu et de sa Mère? Pour l'honneur de l'Espagne, il n'en est pas ainsi. Si de nobles vierges n'accourent plus à Las Huelgas, c'est que le gouvernement en a fermé les grilles. On refuse à ces dames la faculté de recevoir des novices. Sans doute, il est beau de voir les princes et les princesses d'Espagne venir de temps à autre rendre visite aux vierges du Christ. Ces démonstrations de respect sont louables; mais elles ne sont pas suffisantes. Il faudrait surtout se montrer favorable aux humbles suppliques qui réclament la réorganisation du monastère et ne pas laisser la prière se ralentir ou même se taire sur le tombeau des rois. Puisse le sort de la Chartreuse de Miraflores, panthéon des rois, elle aussi, et voisine de Las Huelgas, n'être pas réservé au royal monastère de Sainte-Marie! C'est là notre souhait, c'est là notre adieu, mais non pas le dernier sans doute, au célèbre monastère.

Si nous terminons ici le récit de notre visite, ce n'est pas certes que nous ayons épuisé un sujet aussi riche qu'intéressant. Par une juste défiance de nos forces, nous n'avons pas voulu entreprendre une histoire complète du monastère de Las Huelgas, mais seulement en donner une idée sommaire, suffisante toutefois pour piquer la curiosité des archéologues et les attirer au royal monastère à leur passage à Burgos. Peut-être, comme beaucoup d'autres, auraient-ils traversé la capitale de la Vieille-Castille sans se douter qu'ils laissaient inexplorée, à quelques pas, une merveille de premier ordre. Trop heureux serons-nous, si ces lignes fugitives amènent à Sainte-Marie-la-Royale l'un de ces maîtres de la science archéologique, qui semblent avoir reçu du ciel la mission de réhabiliter les hommes et les arts du moyen âge.

Encore un dernier mot. La justice et la reconnaissance exigent que nous adressions nos remerciements à don José Maria Calvo, autrefois chapelain et archiviste de Las Huelgas de Burgos et aujourd'hui secrétaire d'un prélat de l'église d'Espagne. C'est dans une brochure publiée par ce savant ecclésiastique, en 1846, et intitulée « Apuntes historicos sobre el celebre monasterio de Santa Maria la Real de Las Huelgas », que nous avons puisé bien des documents pour l'article qui précède.

IMPRIMERIE DE J. CLAYE ET C.
RUE SAINT-BENOIT, 7.

www.ingramcontent.com/pod-product-compliance
Lightning Source LLC
LaVergne TN
LVHW010312230826
846091LV00007B/3117
9782011791580